BEI GRIN MACHT SICH IHR WISSEN BEZAHLT

- Wir veröffentlichen Ihre Hausarbeit, Bachelor- und Masterarbeit

- Ihr eigenes eBook und Buch - weltweit in allen wichtigen Shops

- Verdienen Sie an jedem Verkauf

Jetzt bei www.GRIN.com hochladen und kostenlos publizieren

Bibliografische Information der Deutschen Nationalbibliothek:

Die Deutsche Bibliothek verzeichnet diese Publikation in der Deutschen Nationalbibliografie; detaillierte bibliografische Daten sind im Internet über http://dnb.d-nb.de/ abrufbar.

Dieses Werk sowie alle darin enthaltenen einzelnen Beiträge und Abbildungen sind urheberrechtlich geschützt. Jede Verwertung, die nicht ausdrücklich vom Urheberrechtsschutz zugelassen ist, bedarf der vorherigen Zustimmung des Verlages. Das gilt insbesondere für Vervielfältigungen, Bearbeitungen, Übersetzungen, Mikroverfilmungen, Auswertungen durch Datenbanken und für die Einspeicherung und Verarbeitung in elektronische Systeme. Alle Rechte, auch die des auszugsweisen Nachdrucks, der fotomechanischen Wiedergabe (einschließlich Mikrokopie) sowie der Auswertung durch Datenbanken oder ähnliche Einrichtungen, vorbehalten.

Impressum:

Copyright © 2019 GRIN Verlag
Druck und Bindung: Books on Demand GmbH, Norderstedt Germany
ISBN: 9783668874435

Dieses Buch bei GRIN:

https://www.grin.com/document/457594

Jonathan Lee

Künstliche Intelligenz als Herausforderung auch für die Christliche Wirklichkeit

GRIN Verlag

GRIN - Your knowledge has value

Der GRIN Verlag publiziert seit 1998 wissenschaftliche Arbeiten von Studenten, Hochschullehrern und anderen Akademikern als eBook und gedrucktes Buch. Die Verlagswebsite www.grin.com ist die ideale Plattform zur Veröffentlichung von Hausarbeiten, Abschlussarbeiten, wissenschaftlichen Aufsätzen, Dissertationen und Fachbüchern.

Besuchen Sie uns im Internet:

http://www.grin.com/

http://www.facebook.com/grincom

http://www.twitter.com/grin_com

»Künstliche Intelligenz als Herausforderung auch für die Christliche Wirklichkeit«

Inhalt

I. Einführung 1

II. Was ist künstliche Intelligenz (KI)? 2

III. Kriterien einer künstlichen Intelligenz 3

IV. Geschichte der künstlichen Intelligenz 3

V. Chancen und Risiken 7

VI. Religiöser Bezug 10

VII. Fazit 11

Quellen 12

I. Einführung

Künstliche Intelligenz nimmt in unserem Alltag einen immer höheren Stellenwert ein – egal ob es nun der tägliche Weg zur Arbeit sei, der mit einer Kartenapp gemeistert wird, welche Stau vorhersagt oder das Smart Home System, welches die Klimaanlage entsprechend der Luftqualität einstellt. In ungewöhnlichen Bereichen wird seit Neuestem ebenfalls künstliche Intelligenz eingesetzt. Beispielsweise analysiert eine Software in einem Bundesstaat in den USA das Risiko, ob Straftäter auf Kaution freigelassen werden sollten, basierend auf 1,5 Millionen anderen Fällen. Dies erleichtert Richtern die Abschätzung des mit der Freilassung verbundenen Risikos.
Aber auch in neuen Bereichen wird immer mehr mit „künstlicher Intelligenz" gearbeitet, z.B. selbstfahrende Autos, welche eigenständig Entscheidungen treffen und die Situation aufgrund des Verkehrs bewerten können.

Allerdings birgt künstliche Intelligenz auch ein Risiko. Wie verhält sich eine von künstlicher Intelligenz geprägte Kultur zu einer christlichen Ethik, zum Anspruch Jesu Christi auf Liebe, Gerechtigkeit und Barmherzigkeit? Denn technische Erfindungen bringen ihre eigene Ethik mit, die zunächst nicht erkannt wird, aber auf lange Sicht Denken und Kultur der Menschen verändert.

II. Was ist künstliche Intelligenz (KI)?

Künstliche Intelligenz (KI; *oder* englisch: »Artificial Intelligence«) ist ein Teilgebiet der Informatik und versucht, die menschliche Wahrnehmung und menschliches Handeln durch Maschinen und Computersysteme nachzustellen, sowie dem Menschen ähnelnde Entscheidungsstrukturen nachzubilden.
Der Begriff »künstliche Intelligenz« wurde von dem amerikanischen Informatiker John McCarthy († 2011) geprägt. Er gebrauchte ihn in der Überschrift eines Projektantrags für eine Konferenz, die im Jahr 1956 im Dartmouth College in den USA stattfand. Bei dieser Veranstaltung stellte man Programme vor, die unter anderem Schach spielten und Texte interpretierten.

Es ist sehr schwer »denkende« Maschinen zu entwickeln, die mit menschlicher Intelligenz Schritt halten können, denn zunächst einmal muss das menschliche Denken selbst erforscht werden. Daher ist auch ein stetiger Austausch von Psychologen, Neurologen und Sprachwissenschaftlern nötig.
Eine Maschine kann selbst heute nicht annähernd die selben Verstandesleistungen erbringen wie ein Mensch. Besonders das Verständnis von Sprache bereitet der Maschine/ künstlichen Intelligenz große Schwierigkeiten. Denn bisher muss fast jeder Schritt, den die Maschine beherrschen soll, vorher einprogrammiert werden.

Heutzutage basiert künstliche Intelligenz auf der Verarbeitung sehr großer Datenmengen (Big Data [englisch für *riesige Datenmengen*]) und der Nutzung von neuronalen Netzwerken. Bei diesen handelt es sich um eine Nachbildung unseres Gehirns und seiner Anordnungen und Verknüpfungen. Durch das neuronale Netzwerk lassen sich Probleme aus Statistik, Technik und Wirtschaftswissenschaften computerbasiert lösen. Doch zuvor müssen die neuronalen Netzwerke für diese Problemlösungen »trainiert« werden.

III. Kriterien einer künstlichen Intelligenz

Im Bezug auf die KI ist der Begriff von Intelligenz schwierig: Wenn Intelligenz die Fähigkeit, sich neuen Umständen anzupassen, ist, und für die Lösung einer bestimmten Aufgabe bestimmte Rückschlüsse zu ziehen, dann wäre künstliche Intelligenz (bisher) in diesem Sinne nicht möglich.
Man unterscheidet prinzipiell zwischen starker und schwacher KI.
In der schwachen KI geht es darum, die Anwendungsprobleme des menschlichen Denkens zu verbessern, es soll in konkreten Bereichen unterstützt werden. Dabei ist die Fähigkeit zu lernen der wichtigste Aspekt und sollte die Hauptanforderung sowie der integralste Bestandteil sein. Weiterhin muss die KI mit Wahrscheinlichkeiten und Unsicherheiten umgehen können. Im Kern geht es also nicht darum, Bewusstsein zu schaffen, sondern um die Simulation intelligenten Verhaltens.

Das starke KI-System ist in seiner Entwicklung noch nicht weit fortgeschritten. Wahrscheinlich wird es anders strukturiert sein als die menschliche Intelligenz und nicht mit der menschlichen Entwicklung des Denkens vergleichbar sein. Wichtig anzumerken ist, dass die künstliche Intelligenz Gefühle Freude, Liebe, Angst oder Hass nicht ausdrücken, sondern nur simulieren kann.

IV. Geschichte der künstlichen Intelligenz

Die Geschichte der künstlichen Intelligenz beginnt nach allgemeiner Auffassung im Jahre 1956 mit der Veranstaltung »*Dartmouth Summer Research Project on Artificial Intelligence*«, organisiert von John McCarthy (s. Abschnitt II).

Der Versuch die Vorgänge des menschlichen Denkens und menschliche Intelligenz bis zu einem gewissen Grad zu automatisieren oder eine Maschine zu entwickeln, die menschlich denken kann oder intelligentes Verhalten zeigt, ist älter als man zunächst vermutet. Julien Offray de La Mettrie und sein Werk »*L'Homme Machine*« (1748) gilt allgemein als ältester Beleg für künstliche Intelligenz. Auch der bekannte französischen Mathematiker und Astronom Pierre-Simon Laplace (auch bekannt durch den Laplace-Versuch in der Mathematik) prägte diese Idee mit seinem »*Laplaceschen Dämon*«. Ursprünglich hieß der »Dämon« »Intelligenz« und wurde erst später umbenannt.

Das folgende Zitat steht im Vorwort des »*Essai philosophique sur les probabilités*« von 1814:

> *[...] Eine Intelligenz, die in einem gegebenen Augenblick alle Kräfte kennt, mit denen die Welt begabt ist, und die gegenwärtige Lage der Gebilde, die sie zusammensetzen, und die überdies umfassend genug wäre, diese Kenntnisse der Analyse zu unterwerfen, würde in der gleichen Formel die Bewegungen der größten Himmelskörper und die des leichtesten Atoms einbegreifen. Nichts wäre für sie ungewiss, Zukunft und Vergangenheit lägen klar vor ihren Augen."* [1]

Auch der Versuch, künstliche Menschen „herzustellen", kann hier als Vorläufer für künstliche Intelligenz angeführt werden.

Der Golem (hebräisch: Ungeschlachter Mensch, formlose Masse) des Rabbi Judah Löw aus Prag (die Golemsage datiert aus dem 12. Jahrhundert) kann als Wegbereiter für künstliche Intelligenz angesehen werden. Rabbi Löw erschafft aus einem Lehmklumpen ein menschliches Wesen, das er mithilfe des göttlichen Namens zum Leben erweckt und das sein Diener wird. Hier zeigt sich schon das Problem künstlicher Intelligenz, indem der Golem mangels selbständigen Denkens Befehle falsch ausführt und Unheil anrichtet. Auch der religiöse Bezug ist deutlich, da Rabbi Löw sich quasi als Schöpfer des Golem, d.h. der künstlichen Intelligenz, sieht. Damit steht er in Konkurrenz zum Schöpfergott. Daneben gibt es noch andere Vorläufer der KI. Die Golemsage sei hier stellvertretend erwähnt.

Im 20. Jahrhundert formulierten Allen Newell († 1992) und Herbert A. Simon († 2001) von der Universität in Pittsburgh die »*Physical Symbol System Hypothesis*« basierend auf den Erkenntnissen von Alan Turing in seinem Werk »*Computing machinery and intelligence*«, in dem sie Denken mit Informationsverarbeitung und Rechenprozessen gleichsetzen. Ziel ist es, die Trägersubstanz des Denkens (das Gehirn) überflüssig zu machen; Roboterspezialist Hans Moravec (* 1948) sieht eine Zukunft postbiologischen Lebens voraus, in dem Wissen vom Gehirn auf den Computer übertragen und so von überall zugänglich gemacht wird und welches dann quasi ewig erhalten bleibt.
Oft wird als Ziel künstlicher Intelligenz die »Überwindung des Todes« genannt.
Der religiöse Bezug wird sofort deutlich: Der Computer oder Roboter als allwissende Instanz macht Gott überflüssig und die Überwindung des Todes die Erlösung durch Christus, der den Tod besiegt hat.

Ende der 50er war die Erwartungshaltung an künstliche Intelligenz sehr groß, man prognostizierte, dass der Computer wichtige mathematische Sätze entdecken und beweisen könne oder Schachweltmeister werden könnte. Alle diese Prognosen trafen nicht zu. Erst

---

[1] O. Höfling: Physik. Band II Teil 1, Mechanik, Wärme. 15. Auflage. Ferd. Dümmlers Verlag, Bonn 1994

1997 gelang es einem von IBM entwickeltem System namens »*Deep Blue*« den Schach-Weltmeister Garri Kasparov in sechs Partien zu schlagen.

Weitere Meilensteine in der Entwicklung der künstlichen Intelligenz waren:

- Programm »*ELIZA*«: Es simulierte das Gespräch mit einem Psychotherapeuten und wandte regelbasiertes Wissen zur Problemlösung an. Das System konnte sogar mehrere Regeln auf einmal anwenden und auf neue Art kombinieren, die selbst Experten nicht in Betracht gezogen hatten. »*ELIZA*« konnte die angewandten Regeln anzeigen und somit das Ergebnis substantiiert darlegen.
- Medizinische Expertensysteme: »*MYCIN*« war ein an der Stanford University entwickeltes Diagnose- und Therapiesystem, das besonders Blutkrankheiten und Hirnhautentzündungen diagnostizieren konnte und Therapievorschläge machte. Es war aber auf diese Krankheiten beschränkt und machte falsche Vorschläge, sobald es den Daten einer darüber hinausgehenden Krankheit „gefüttert" wurde. Diesen Effekt nennt man »*Cliff-and-Plateau-Effekt*«. Es fehlt also das typische Merkmal menschlicher Intelligenz, nämlich die Fähigkeit das Denken neuen Umständen anzupassen.

Neueste Entwicklungen der künstlichen Intelligenz (ausgewählte Aspekte):

- 2014: Das Google Driverless Car (s. *Fig. 1*) wird der Öffentlichkeit vorgestellt. Die künstliche Intelligenz zeigt sich hier im computergesteuerten Erkennen und Verarbeiten von Verkehrs- und Umgebungsinformationen. Es sollte bis zum Jahr 2017 so weit entwickelt sein, dass es für Massenmarkt verfügbar sei. Inzwischen wurde das Auto jedoch eingestellt, Waymo (Google) arbeitet nun mit Jaguar Land Rover zusammen und verbaut dort die Technik des führerlosen Autos.

Fig. 1: Waymo (ehem. Google) Driverless Car[2]

---

[2] https://commons.wikimedia.org/wiki/File:Waymo_self-driving_car_front_view.gk.jpg [28.09.2018]

- 2016: Microsoft startete ein Experiment mit einem Chat-Bot (Dialogsystem, welches computerbasiert chattet) auf Twitter, der den fiktiven Teenager Tay darstellte. Nachdem dieser frauenfeindliche und rassistische Tweets abgesetzt hatte, stellte sich heraus, dass der Bot gezielt von Nutzern eines Forums beeinflusst worden war. Nach kurzer Zeit wurde er von Microsoft abgestellt.

Die berühmte IBM KI »Watson« konnte eine Fehldiagnose japanischer Ärzte korrigieren. Nachdem eine Leukämietherapie erfolglos geblieben war, ließen die Ärzte »Watson« die DNA der Patientin mit 20 Millionen Krebsstudien abgleichen. Die künstliche Intelligenz stellte in 10 Minuten dann die korrekte Diagnose, nämliche eine seltene Form der Leukämie, die bisher nur 41 Patienten betraf.

Diese Anwendung von KI ist natürlich auch bei anderen Krankheiten möglich, Voraussetzung dafür ist, dass die Krankendaten digitalisiert und anonymisiert vorliegen. Inzwischen bieten Amazon, Google und Microsoft ebenfalls solche Plattformen an.

In der Pathologie übertreffen von der Harvard Medical School und vom Massachusetts Institute of Technology entwickelte Programme die Arbeit von versierten Pathologen bei der Erkennung von Krebszellen.

- Generative Modelle: Seit 2014 werden künstliche neuronale Netze (s. I) eingesetzt, um Bilder, Videos oder Tonaufnahme, die möglichst echt wirken herzustellen. Dabei können beispielsweise aus bereits vorhandenen Sprechszenen einer Person neue hergestellt werden. Der Algorithmus lernt dabei, Muster in den Bewegungen und der Sprache zu finden und erzeugt daraus neue Szenen. In Fig. 2 hat man beispielsweise das Gesicht von Barack Obama in das von Donald Trump integriert.

In 2017 haben neuronale Netze sogar fiktive bzw. imaginäre Gesichter erstellt, in Fachkreisen bezeichnet man diese als „eindrucksvoll realistisch". Sie wurden später als »DeepFakes« bekannt und es entstand eine Diskussion rund um die Frage ob man Foto- bzw. Videobeweisen überhaupt noch trauen kann.

Fig. 2: Barack Obama wird Donald Trump[3]

---

[3] V. Ferrari et al: Computer Vision – ECCV 2018. Springer International Publishing, Heidelberg 2018

Später im Jahr zeigte sich die künstliche Intelligenz der Firma OpenAI bei einem Turnier des Computerspiels *»Dota 2«* (*»Dota 2«* gilt als eines der komplexesten Videospiele überhaupt, komplexer als Go oder Schach) als der menschlichen Intelligenz überlegen. Es besiegte den weltbesten Profispieler. Die KI wurde nur vier Monaten trainiert, indem sie immer wieder gegen sich selbst antreten musste.

V. Chancen und Risiken

Chancen

Eine der ersten Fragen die man sich wohl stellt, ist, ob durch künstliche Intelligenz Arbeitsplätze verloren gehen könnten. In der Tat ist es wohl so, dass einige Aufgaben die vorher von Menschen übernommen wurden, in Zukunft vielleicht von Maschinen mit künstlicher Intelligenz übernommen werden. Auch bei der Erfindung der Dampfmaschine oder des Computers hat man sich diese Frage gestellt. Und doch ist es wohl so, dass Maschinen und Computer bis heute eher eine unterstützende Funktion übernehmen. Kaum ein Arbeitsplatz ist komplett überflüssig geworden.
So kann künstliche Intelligenz bisher keine wirklichen Gefühle entwickeln oder gar kreativ denken. Er muss vorher immer mit »Material« gefüttert werden, welches aber zumeist der Mensch auswählt und bereitstellt, da die KI nicht wirklich selbstständig »denken« kann. Eintönige, repetitive und zeitaufwändige Arbeiten können aber von einer Maschine übernommen werden. So kann die künstliche Intelligenz beispielsweise die Suche nach dem besten Lieferanten anhand verschiedenster Kriterien übernehmen, allerdings keine Verhandlungen führen oder das »persönliche Bauchgefühl« ersetzen.
Dafür bleibt dem Menschen aber mehr Zeit für die kreativen Aufgaben, die nicht von einer künstlichen Intelligenz übernommen werden können.
Ein weiteres Beispiel ist der oben erwähnte Psychotherapeut. Die KI kann zwar dem Psychotherapeuten unterstützend zur Seite stehen und Therapievorschläge unterbreiten oder bei Diagnosen helfen, aber niemals das persönliche Gespräch ersetzen.
Auch bei einer chirurgischen Operation ist die KI von großem Nutzen. Roboter operieren beispielsweise einen Gehirntumor mit größerer Präzision als ein Mensch.
Man sollte die KI also als »Hilfsmittel« sehen und nicht als Störfaktor. Die Menschheit muss sich Veränderungen anpassen (wie auch bei der Dampfmaschine) und – wie wir unten noch sehen werden – die ethischen Implikationen beachten.

Die KI kann auch im Sport eingesetzt werden, um als Schiedsrichter objektivere Entscheidungen zu treffen. Ebenfalls bei der Polizei könnte die KI zur Auswertung von Videokameras genutzt werden und evtl. sogar die Verbrechenswahrscheinlichkeit vorhersagen, indem Verhaltensmuster durch Algorithmen analysiert werden (in Mannheim können zum Beispiel als aggressiv gedeutete Bewegungen wie Schlagen oder Treten zu einem Polizeieinsatz führen).

Auch im persönlichen Leben kann eine künstliche Intelligenz von Nutzen sein. Sie erinnert einen beispielsweise einen Freund an seinem Geburtstag anzurufen oder Termine, die E-Mails gefunden wurden, direkt in den Kalender einzutragen und anschließend erinnert zu werden. Auch persönliche Sprachassistenten wie Google Home oder Alexa können einem das Leben erleichtern, wenngleich die große Gefahr einer Verletzung der Privatsphäre bestehen kann.

Risiken

Künstliche Intelligenz birgt aber auch Risiken. In China zum Beispiel, werden Bürger bereits in großen Städten mit Hilfe von vielen Kameras mit Gesichtserkennung überwacht und verfolgt. Bei Personen, die bereits in der Staatsdatenbank gespeichert sind, wird auch sofort die Person mit ihrem Profil verknüpft. Auch Fahrzeuge und Passanten auf Fußgängerüberwegen können so getrackt (nachverfolgt) und identifiziert werden. Hier ist das Risiko in den totalen Überwachungsstaat abzugleiten gegeben.

Fig. 3: Massenüberwachung in China[4]

Aber ein besonderes Risiko stellt die sogenannte »digitale Gesinnungsschnüffelei« da. Besonders in totalitären Systemen können soziale Netzwerke dazu genutzt werden, die politische Einstellung der Menschen zu überwachen. Aber auch Telefonate und E-Mails

---

[4] https://www.matrixblogger.de/wp-content/uploads/4810327D-476A-468A-BDB5-851968BC315C.jpeg [03.01.2019]

können ausgespäht werden, sowie Post und Pakete elektronisch erfasst. Diese Rundum-Digitalisierung der Lebenswelt führt schließlich zur Einschmelzung der Privatsphäre. Der IT-Fachanwalt Thomas Stadler schreibt dazu: »Ein Staat, der seine eigenen Bürger oder die Bürger fremder Staaten systematisch überwacht, kann sich nicht zugleich als freiheitlicher Rechtsstaat begreifen«[5] So läuft eine Gesellschaft, in der die Sicherheitsbehörden keine Kontrolle mehr unterliegen, Gefahr, keine freiheitliche Demokratie mehr zu sein.

Ein weiteres Problem können moralische Fragen sein. Kann ein selbstfahrendes Auto für einen Unfall verantwortlich gemacht werden? Lukas Brand, Theologe am Lehrstuhl für Philosophisch-Theologische Grenzfragen der Ruhr-Universität Bochum bemerkt dazu: »Aus rechtlicher Perspektive wäre es sicher auch möglich, eine Art künstliche Person einzuführen. Ich glaube auch, dass sich die Sprache verändern wird. […] Eines Tages wird man sagen: „Das autonom fahrende Auto hat sich entschieden, das und das zu tun." Oder: „Der Pflegeroboter hat das und das gemacht." […] Aber die ethische Theorie hinkt dieser Sprachwirklichkeit hinterher.«[6] Brand hält es sogar für möglich, dass ein Roboter eines Tages einen evangelischen Gottesdienst halten wird. Auf einem Kirchentag hat ja bereits ein Roboter den Segen gespendet.

Die moralischen Probleme durch KI sind noch nicht einmal ansatzweise durchleuchtet worden. Hier könnte die Theologie mithelfen, Lösungsansätze die von christlichen Werten geprägt sind, zu entwickeln.

---

[5] https://www.golem.de/news/imho-von-der-hinterlist-einer-lichtscheuen-politik-1306-100028.html [03.01.2019]

[6] https://www.domradio.de/themen/ethik-und-moral/2018-11-05/theologe-ueber-chancen-und-risiken-von-kuenstlicher-intelligenz [03.01.2019]

VI. Religiöser Bezug

Anthony Levandowski will Gott programmieren. Ende 2017 verkündete der ehemalige Google-Entwickler und Unternehmer, dass er eine Kirche gegründet habe und jetzt seinen Erlöser mithilfe des Computers erschaffen möchte. Er sagt »Wenn etwas eine Milliarde Mal klüger ist als der klügste Mensch, wie solle man solch eine Instanz anders nennen als Gott?«. Levandowski plant deshalb nicht nur eine neue Religion, die sogar eine eigene Bibel bekommen soll, gennant »The Manual« (das Handbuch), sondern möchte auch Gottesdienste halten und Pilgerstätten eröffnen.
Er plant eine künstliche Intelligenz, die dem Menschen sogar überlegen sein soll.
Diese KI sollen die Anhänger der von ihm gegründeten Kirche »Way of the Future« (Weg in die Zukunft) verehren, wenn sie erst die Kontrolle über das Weltgeschehen übernommen hat, denn die allmähliche Machtübernahme sei sowieso nicht zu verhindern. Er wolle nur einen geregelten Übergang – auf kultureller sowie technologischer Ebene – erleichtern.

Auch wenn dieser Vorschlag verrückt anmutet, so ist er doch Ausdruck philosophischer und theologischer Sehnsüchte.
Das christliche Wirklichkeitsverständnis geht davon aus, dass der Mensch ein Geschöpf Gottes ist, welches mit seinem Schöpfer Gemeinschaft haben will und soll. Wie ist also der Digitalismus vom christlichen Wirklichkeitsverständnis her zu beurteilen?
In einer zunehmend säkularisierten Welt, in der sich die Menschen nicht mehr als Geschöpfe Gottes begreifen, nimmt die virtuelle Welt immer mehr die Züge einer technokratischen oder digitalen »Ersatzreligion« an. Der künstlichen Intelligenz wird absolutes Wissen, absolute Machbarkeit und absolute Kontrolle zugestanden. Sie ist ein selbstgemachtes Objekt von gleichsam göttlicher Herrlichkeit und damit im biblischen Verständnis ein Götze.
Der Glaube an die technische Machbarkeit fördert die Selbstvergötzung des Menschen, der sich in dem selbstgemachten Objekt selbst verherrlicht. Narzissmus, mangelnde Selbstkritik und -kontrolle und fehlende Empathie sind die Folgen.

Indem Gott in Jesus Christus Mensch wurde, wird die leibliche Realität aller Schöpfung bejaht. Es stellt sich also die Frage: Gehört dann virtuelle Realität zur Schöpfungswelt Gottes?
M.E. ja, denn Gott gab dem Menschen den Auftrag, das Potenzial der Schöpfung in kreativer Weise zu entwickeln: In Gen. 2,15 heißt es: »Und Gott der Herr nahm den Menschen und setzte ihn in den Garten Eden, dass er ihn bebaute und bewahrte.«[7]

---

[7] Die Bibel nach der Übersetzung Martin Luthers, Stuttgart 1984 – Nachdruck 2017

Dies darf wiederum nicht zur Vergötzung der Schöpfung führen. Dies gilt auch für die virtuelle Realität.

Weiterhin ist der Kunsthandwerker Bezalel (der Name bedeutet: »Im Schatten Gottes«) zu nennen, der von Gott dazu begabt, am Bau der Stiftshütte mitwirkte. In 2. Mose 35, 30-33 heißt es: »Und Mose sprach zu den Israeliten: Sehet, der HERR hat mit Namen berufen den Bezalel, den Sohn Uris, des Sohnes Hurs, vom Stamm Juda, [31] und hat ihn erfüllt mit dem Geist Gottes, dass er weise, verständig und geschickt sei zu jedem Werk, [32] kunstreich zu arbeiten in Gold, Silber und Bronze, [33] Edelsteine zu schneiden und einzusetzen, Holz zu schnitzen, um jede kunstreiche Arbeit zu vollbringen.«[8] Technische Fähigkeiten, künstlerische Begabung und Erfindungsreichtum sind Wirkungen der Schöpfungskraft Gottes. Sie sollten zur Bewahrung der Schöpfung eingesetzt werden und nicht zur Selbstvergötzung oder zum Aufbau einer Ersatzreligion.

VII. Fazit

Abschließend kann man sagen, dass künstliche Intelligenz eine sehr große Chance bietet. Sie kann Arbeitsabläufe erleichtern und sich wiederholende Tätigkeiten präzise und schnell ausführen. Dabei sollte man KI nicht nur als Risiko oder als Bedrohung für die Arbeitsplätze, sondern vielmehr als Ergänzung und Erleichterung für viele Bereiche des täglichen (Arbeits-)lebens sehen.

Jedoch sollten Theologie und Kirche dort kritisch tätig werden und mahnen, wo die Grenze zur »allmächtigen Maschine«, die den Menschen – wenn auch nur ein Stück weit – kontrollieren kann und somit die Würde des Menschen als Ebenbild Gottes untergräbt, überschritten wird. Auch wo digitaler Totalitarismus droht, sind die kirchlichen Institutionen zum Eingreifen aufgerufen.

Die Kirche sollte prüfen, inwieweit man die künstliche Intelligenz als Ergänzung nutzen kann, sodass keine »*Ersatzreligion*« entsteht. Hierzu sagt Werner Thiede: »Die Hauptaufgabe von Theologie und Kirche ist und bleibt es, das Evangelium von Jesus Christus zu verkündigen. Das schließt aber deutliche Kulturkritik nicht aus. Im Gegenteil: Das Eintreten für die Würde des Menschen wie sie in der Botschaft von dem einen Gottmenschen impliziert ist, verpflichtet Christen zu klaren Worten dort, wo politisches oder wirtschaftliches Handeln dieser unantastbaren Würde entgegen steht.«[9]

---

[8] Die Bibel nach der Übersetzung Martin Luthers, Stuttgart 1984 – Nachdruck 2017

[9] W. Thiede: Digitaler Turmbau zu Babel. Der Technikwahn und seine Folgen. Gesellschaft für ökologische Kommunikation, München 2015, S. 20

Quellen

O. Höfling: Physik. Band II Teil 1, Mechanik, Wärme. 15. Auflage. Ferd. Dümmlers Verlag, Bonn 1994

V. Ferrari et al: Computer Vision – ECCV 2018. Springer International Publishing, Heidelberg 2018

W. Thiede: Digitaler Turmbau zu Babel. Der Technikwahn und seine Folgen. Gesellschaft für ökologische Kommunikation, München 2015

Die Bibel nach der Übersetzung Martin Luthers, Stuttgart 1984 – Nachdruck 2017.

https://upload-magazin.de/blog/13645-anwendungen-beispiele-kuenstliche-intelligenz/ [17.09.2018]
https://www.contentmanager.de/nachrichten/10-beispiele-wie-kuenstliche-intelligenz-die-arbeit-erleichtern/ [17.09.2018]
https://www.planet-wissen.de/technik/computer_und_roboter/kuenstliche_intelligenz/ [24.09.2018]
https://www.gruenderszene.de/lexikon/begriffe/kuenstliche-intelligenz?interstitial [24.09.2018]
https://www.spektrum.de/lexikon/neurowissenschaft/kuenstliche-intelligenz/6810 [24.09.2018]
https://de.wikipedia.org/wiki/John_McCarthy [24.09.2018]
https://www.bigdata-insider.de/was-ist-ein-neuronales-netz-a-686185/ [24.09.2018]
https://www.technologyreview.com/s/610253/the-ganfather-the-man-whos-given-machines-the-gift-of-imagination/ [02.01.2019]
https://www.industry-of-things.de/kuenstliche-intelligenz-mehr-chance-als-gefahr-fuer-die-zukunft-a-758080/ [02.01.2019]
https://www.bitkom.org/Presse/Presseinformation/Kuenstliche-Intelligenz-Bundesbuerger-sehen-vor-allem-Chancen [03.01.2019]
https://www.zeit.de/zeit-wissen/2018/02/kuenstliche-intelligenz-gott-computer [05.01.2019]
https://www.zeit.de/digital/internet/2017-11/way-of-the-future-erste-kirche-kuenstliche-intelligenz [05.01.2019]
https://www.faz.net/aktuell/wirtschaft/kuenstliche-intelligenz/technischer-fortschritt-wo-kuenstliche-intelligenz-zur-religion-wird-15214599.html [05.01.2019]
http://lkg-steinhagen.de/gemeindeleben/predigtarchiv/predigt/all-unser-koennen-fuer-sein-haus-2-mose-3530-35/ [05.01.2019]

BEI GRIN MACHT SICH IHR WISSEN BEZAHLT

- Wir veröffentlichen Ihre Hausarbeit, Bachelor- und Masterarbeit

- Ihr eigenes eBook und Buch - weltweit in allen wichtigen Shops

- Verdienen Sie an jedem Verkauf

Jetzt bei www.GRIN.com hochladen und kostenlos publizieren